¿CÓMO GANAR DINERO VENDIENDO E-BOOKS?

En internet

GUÍA PASO A PASO 2024

¿CÓMO GANAR DINERO VENDIENDO E-BOOKS?

En internet

GUÍA PASO A PASO 2024

Wilmer Antonio Velásquez Peraza

Derechos de autor

Tabla de Contenidos:

【 Guía paso a paso 2024 】

Introducción

Dinero, la palabra mágica. El dinero lleva varias connotaciones, y en efecto, ya Robert T. Kiyosaki, cuando habló en Padre Rico Padre Pobre, sobre las carencias y razonamientos, así como los puntos de vista de un Padre y otro, ya que el Padre de su amigo, un millonario muy prolijo de Hawaii, contrastó en su accionar y en su formación con las enseñanzas que le dio su Padre biológico, al describir como se desgasta la vida y se pierden los sueños de la mayoría, al recorrer una y otra vez: "la carrera de la rata". El dinero y su relación ambigua con respecto a la felicidad me pregunto: ¿Para qué sirve el dinero, realmente compra la felicidad? Las personas siempre han intentado mejorar su nivel de vida y tratan de resolver su cotidianidad. Y antes de perecer en el intento de descifrar, ¿cómo obtener dinero? investigan e investigan, generan y generan, hurgan y despiertan del letargo que significa adaptar sus neuronas a inventar la manera de: ¿cómo crear activos que puedan generarles dinero? o perseguir los medios para obtenerlo. ¿El dinero qué representa? ¿Es el medio o es el fin primigenio en la vida de las personas, como único elemento que consideran importante para encontrar y disfrutar de la felicidad? Pero, ¿realmente el dinero compra la felicidad? Es capaz de otorgar bienes materiales, cosas, ropa costosa, autos, apartamentos, viajes, un estilo de vida... Incluso compra concepciones y adeptos, pero, ¿es capaz el dinero de otorgarte felicidad? ¿Qué es la felicidad? ¿Qué piensan ustedes?

¿El dinero realmente comprará la felicidad? Hay quienes se dopan con el simple olor del dinero, o aquellos que simplemente nacieron con él, o su vida gira en torno a él, quienes han tenido todo desde que nacieron. Las grandes mayorías, en el mundo deben luchar día a día para ganarlo, y así poder alimentar o vestir a sus familias, lo cual no es mucho pedir a la vida, y son presas de ese estilo de vida y se convierten en esclavos de un trabajo, que odian, y en lugar de acercarlos, les aleje cada vez más de la felicidad. Dedican muchas horas yendo por él, y ganan tan poco que no llegan a cubrir ni siquiera las necesidades básicas de su gente, y al intentar hacerlo, sacrifican muchísimas horas vendiendo su fuerza de trabajo, esas que le restan a sus familiares, es matemática básica no física cuántica, y como dijo: Robert T. Kiyosaki_ perdonen por usar de nuevo a este autor_ sin embargo, entran a un círculo vicioso, que el popular escritor llama y repito: "La carrera de la rata" la cual explica muy bien a través de un juego de mesa ideado por Él, conocido como: "Castflow" pretendiendo implantar en las personas el conocimiento, y la inteligencia financiera. Creando activos o aprendiendo a crear activos, pero, ¿qué es un activo? El activo es un bien que es capaz de generarte dinero, puede ser un bien tangible o intangible, pero lo más importante es que puede generarte, como ya hemos dicho, dinero sin necesidad de que tú lo estés trabajando o intervengas directamente en su producción, sin que estés aplicando un esfuerzo luego de establecido ese SISTEMA DE NEGOCIO para que genere ese dinero para ti, como efecto residual y en piloto automático. Es muy importante la inteligencia financiera, pero sobre todo aprender a crear activos o sistemas de negocios que te conduzcan a alcanzar la independencia financiera, que por sí sola no te garantiza la felicidad, aquí te lo permite el dinero en línea, creando y vendiendo ebooks en internet, con una interconexión global.

Dinero, dinero en internet con ebooks, hacer dinero global, negocios y economía, libertad financiera, pequeños negocios, relaciones con los consumidores, dinero y negocios en línea, ecommerces, negocios en internet con ebooks, networking, economía y finanzas, negocios en línea e internet, usuarios de internet, como hacer ecommerces en internet.

¿Cómo ganar dinero vendiendo Ebooks en internet?

¿Cómo ganar dinero vendiendo Ebooks en internet?

La era digital ha alcanzado prácticamente todos los métodos de difusión de información. Podemos encontrar casi cualquier cosa en internet como fuente y uno de los grandes cambios es la digitalización de los libros.

A estos archivos se los conoce como e-books y son, como su nombre lo sugiere, libros electrónicos que se redactan de la misma forma que un libro físico y pueden venderse en sitios web de forma mucho más sencilla y comenzar a ganar ingresos extra a través de Internet.

En los siguientes párrafos, te proporcionaremos información completa sobre cómo generar ingresos a través de la venta de libros electrónicos y los pasos necesarios para escribir y distribuir tu propia obra digital.

¿Qué es un E-book?

【 Guía paso a paso 2024】

¿Cómo ganar dinero vendiendo Ebooks en internet?

Para ganar dinero vendiendo ebooks es necesario aplicar técnicas de marketing efectivo, esta afirmación parte desde la premisa de la captación de un público objetivo que ha de ser conducido durante un recorrido para convertirle en cliente, uno de los elementos primordiales para lograrlo es mediante el posicionamiento SEO, aquí nos referimos a la mejor ubicación posible en los buscadores mundiales.

En este sentido el maestro Jürguen Klaric CEO de Mindcode Internacional, un experto en temas de antropología cultural y neuromarketing, disciplina muy ligada al estudio de la mente del consumidor y que parte de un enfoque tanto científico como práctico.
Para Klaric "los mejores vendedores son los que se sienten parte de algo, saben que están ayudando a la gente y al mismo tiempo, ganando dinero durante el proceso".

【 Guía paso a paso 2024】

¿Cuánto dinero se puede ganar vendiendo ebooks?

Las ganancias que se pueden generar vendiendo e-books varían notoriamente dependiendo de muchos factores, entre los que se encuentran la temática del libro, su precio y la plataforma en la que se distribuye. Un ebook, dependiendo de la demanda, puede venderse entre 4$ y 9.99$ en plataformas como Amazon, ACX, Audible, author's Republic, Spotify, entre otras, de modo que el factor principal es la difusión y la cantidad de personas que lo adquieran.

Aprende cómo ganar dinero con un ebook

Con este objetivo, te presentamos a continuación un procedimiento general que puedes seguir para optimizar el proceso de redacción de un libro, adaptándolo a tus circunstancias y a la temática que desarrollará:

Busca un nicho:

La persona que escribe un ebook puede considerarse un escritor en toda regla. La parte difícil, sin embargo, es lograr que tus libros tengan la difusión, el alcance y la calidad necesarios para que puedan generarte ingresos.

Cada uno de los productos mundiales merece un espacio en el mercado editorial mundial, sin embargo debe cumplir con elementos mínimos de calidad y responder a una necesidad, resolver un problema en el nicho de mercado donde será ubicado, características y estar estructurado de un modo tanto atractivo como visualmente único, que impacte y a su vez con niveles reales de interacción que induzca a la acción.

El primer paso para cualquier tipo de redacción es decidir la temática y el objetivo de tu libro. Debido a que lo único que cambia es el formato de presentación, la cantidad de objetivos a los que tu e-book puede dedicarse es tan variada como lo es en cualquier libro físico. Lo primero que debes decidir es en qué se centrará tu e-book. Para este punto, puedes escoger crear un libro dedicado a aprender una habilidad o una novela dedicada a contar una historia, adaptándose al género de tu preferencia. Pero debes ser lo más espontáneo y claro posible con tu público objetivo, a ellos te debes y sin su aprobación no vas a vender.

Con esta idea ya preestablecida toca ponerse manos a la obra y comenzar a generar tópicos y el contenido final para tu libro, hay muchos canales en el mundo para llegar a los lectores compradores, debes mover las fibras más sensibles de su ser, de no lograrlo, serás uno más, ahogado en el océano del mundo editorial.

Idea y estructura tu libro

Estamos de acuerdo en que la creación de un libro no es un proceso que se dé de forma sencilla. Hay mucho trabajo que realizar para poner en marcha el proceso creativo que se requiere para desarrollar un e-book de calidad. Una vez has decidido el tema central de tu libro y su objetivo, es necesario internarse en el proceso creativo que te permitirá organizar las ideas para generar el contenido que deseas mostrar.

Hay muchas personas que crean libros electrónicos que son extremadamente exitosos, mientras que otros parecen equivocarse al intentarlo. En consecuencia, al hacerlo, luchan por ganar dinero, no sólo eso debes hacer, incluso después de pasar mucho tiempo creando tus libros electrónicos. ¿El éxito de qué depende? ¿Qué están haciendo de manera diferente los creadores escritores exitosos? ¿Saben algo que otros no saben? ¿O simplemente hay una estrategia o fórmula bien planeada para crear eBooks de calidad que vendan?

¿Longitud de un eBook?

Un libro electrónico, comúnmente conocido como eBook, es una publicación que se puede leer en dispositivos digitales como teléfonos inteligentes, tabletas o computadoras. Se empaquetan como documentos PDF para que se puedan enviar de una persona a otra. También se pueden convertir a otros formatos, como Mobi, ePub y Kobi.

No existe una longitud ideal para un libro electrónico. Todo depende de la audiencia y el tema. Generalmente, siempre que cubra de manera exhaustiva el tema que se ha elegido y eduque de manera efectiva a los lectores, no hay necesidad de preocuparse por la extensión. De hecho, en un mundo como el de hoy, donde la sencillez, la velocidad con que se vive, y lo pragmático de las personas, se puede crear un ebook con bastante rapidez que cubra la información necesaria, esto te permitirá lograr el objetivo y obtener resultados plausibles.

Lo esencial es saber qué decir

Un eBook puede ser sobre cualquier cosa. No está limitado a lo que uno puede escribir. Por lo tanto, elija los temas favoritos y haz todo lo posible por presentar la información de una manera que tus lectores comprendan y aprecien. Si conoces bien a tus lectores, escribir un gran libro electrónico debería ser muy sencillo. Recomiendo, si es posible, conocer a tus lectores antes de comenzar.

Agregar algo adicional, como un video o una oferta gratuita, es una excelente manera de hacer que tus lectores sientan que ha superado sus expectativas. Y, honestamente, si lo haces, estarán ansiosos por ver libros electrónicos posteriores.

¿Cómo deberá estar estructurado el material para tu ebook?

Si bien no existe una regla establecida para organizar su contenido, los libros electrónicos generalmente imitan la estructura de los libros de texto o las novelas. Hay algunos aspectos de un libro electrónico que se deben cumplir. Debe incluir capítulos, imágenes, segmentar agregando títulos y subtítulos relevantes.

Este enfoque es muy fácil. Comienza con una introducción que resalte de qué se trata todo el libro electrónico, luego incluir capítulos que se componen de información e imágenes clave, y una conclusión que lo resuma todo.

Tener un esquema facilita la creación de un libro electrónico atractivo que esté muy bien estructurado. Asegúrese siempre de que su esquema esté listo antes de comenzar.

El modelo 5WH

Es muy común entre profesores y entrenadores este modelo. Se basa en cómo aprendemos e implica que se deben cubrir, cinco elementos y es un modelo utilizado por medios de comunicación y periodistas, son modos vitales que puedes notar en esta secuencia:

5WH Se re ere a las palabras en ingles Who, How, What, Where, Why. Qué, cómo, cuando, dónde, quién y por qué. Al responder estas interrogantes en un contexto adecuado, te dará un buen material en tu libro tanto digital como en impreso en tapa blanda.

Qué = solución amplia : ¿Cuál es la solución universal a este problema? ese problema que te has propuesto responder.

Cómo = solución específica: ¿Cuáles son los pasos o detalles que debo seguir para desentrañar esto?

Qué más = recursos: ¿Qué información adicional hay disponible sobre este tema?

Mira el ejemplo a continuación:

Por qué: Esto es vital, ya que proporciona el esqueleto sobre el cual construir la idea y ofrece un camino claro para que tu lector comprenda la información.

Qué : es una decisión sobre cómo dar formato a lo que se está escribiendo. En este espacio, comparto varias formas de estructurar tu libro electrónico.

Cómo: todas las formas de estructurar tu contenido.

Donde: es un ejemplo de cómo aprender más del lugar de tu historia, el hecho, lugar y sobre el contexto histórico.

Secuencia:

Utiliza este enfoque si le enseñas a tu audiencia cómo hacer algo. La mejor forma de estructurar esto es mediante una secuencia de pasos o ideas. Pregunta lo siguiente:

¿Qué debo hacer primero?

¿Y qué?

¿Después de esto qué?

¿Y qué es lo último que tengo que hacer para en efecto cumplir mi objetivo con este ebook?

Alfabético：

Como sugiere su nombre, este método implica enumerar tu contenido alfabéticamente. Si eliges utilizar este enfoque, te recomiendo que coloques las palabras clave en una secuencia alfabética en el índice. De esa forma, será más fácil para el lector encontrar el contenido específico.

Aleatorio:

Este enfoque es útil cuando se tiene una lista de elementos que se pueden leer como partes independientes o que no encajan perfectamente entre sí. Ejemplo:

"diez formas de ganar dinero vendiendo libros electrónicos gratuitos".

Grupos sueltos:

Los grupos sueltos están un paso más allá del método aleatorio anterior. Por ejemplo, "100 formas de ganar dinero en línea". En este ejemplo, cada forma de ganar dinero se puede revisar como un enfoque independiente que no está vinculado ni relacionado con otro elemento. Cuanto más claro seas, más exitoso y vendible tu libro será.

Hora: ¿Estás escribiendo sobre un tema o evento relacionado con una línea de tiempo especifica?

Por ejemplo, sobre tu experiencia universitaria y cómo cambiaron las cosas desde el primer año hasta la graduación.

Principiante, intermedio, experto:

¿Estás creando un libro electrónico que se base en preguntas y respuestas dirigidas a un grupo especí co? Si es así, tiene sentido organizar su contenido en términos de niveles de experiencia. ¿Son tus lectores nuevos en el material o ya tienen mucho conocimiento? Conoce a tu audiencia y elabora el contenido en consecuencia, desde principiantes hasta expertos. Al hacer esto, facilita que tus lectores aprendan y mejoren sus habilidades a través de tus libros electrónicos.

Cómo crear un libro electrónico:

He visto varias formas de estructurar un libro electrónico, ahora echemos un vistazo a lo que debes hacer para crear uno realmente bueno:

Elegir el tema correcto: ¿Qué mensaje quieres transmitir? ¿Para quién escribir?

¿Novatos, intermedios o expertos? Saber el tipo de mensaje que se desea abordar hace más fácil encontrar un tema atractivo. Un buen tema es aquel que atrae a lectores potenciales y también los alienta a tomar medidas adicionales.

A continuación te presento algunas ideas para comenzar:

- Una guía servicios
- Una versión ampliada de los nichos que se pueden explotar en internet
- Un caso de estudio basado en la historia de una empresa
- Contenido en torno a estudios y estadísticas de la industria alimenticia
- Una introducción al futuro de una industria
- Una guía de respuestas a las preguntas frecuentes de un sitio popular
- Una entrevista con un experto de la industria del marketing.

Escribir un título atractivo:

Un título atractivo resalta el tema y resuena con tu público objetivo. También deberías incluir algunos beneficios y captar la atención de los motores de búsqueda a través del SEO. Por lo tanto, considera insertar algunas palabras clave objetivo en tu título, que estén en tendencia, que traten del tema de tu ebook, pero sobre todo que respondan a la intención de búsqueda de tus potenciales lectores compradores.

Es un plus, es decir, es muy adecuado agregar un subtítulo llamativo y atrayente para aclarar y ampliar el contenido de tu libro electrónico.

Para hacer que tu título sea memorable y atractivo, te sugerimos lo siguiente:

- Utiliza números para agregar credibilidad.
- Formula una pregunta que los lectores suelen hacer.
- Incluye palabras pegadizas y poco comunes.
- Utiliza adjetivos emocionales para mostrar cómo se sentirán los clientes después de leer.
- Indica a los lectores lo que pueden lograr, por ejemplo: "Pierda 7 kilos en una semana siguiendo nuestro metodo X".
- Menciona a tus lectores en el título, utilizando palabras como "inquilino", "propietario de vivienda" o "propietario de negocio".

Aplica las preguntas de las 5W (quién, qué, cuándo, dónde, por qué) y "cómo" a tu tema.

Crea un esquema:

Es de importancia vital, trazar una estructura, ese esquema que no solamente te asegure cubrir todos los elementos necesarios, sino que también confiere a tu libro electrónico una estructura más clara y sencilla de seguir. Con un esquema, podrás transmitir tu mensaje de manera más efectiva. No olvides incluir imágenes que se relacionen de manera natural con el contenido, ya que esto contribuye a mejorar la comprensión de la información y desde luego mejora la experiencia del usuario.

【 Guía paso a paso 2024】

Empezar a escribir:

¡Hora de poner manos a la obra! Con tu plan armado, es momento de darle vida a tu eBook. Para que tu mensaje llegue directo al corazón de tus lectores, asegúrate de utilizar un lenguaje y tono cercano. Formatea el contenido de manera clara y sencilla. ¡Prepara tus neuronas porque tus lectores querrán más! y no deseas decepcionarles.

Además, no te olvides de optimizar tu eBook para conseguir nuevos seguidores. Si no sabes cómo hacerlo, no te preocupes, siempre puedes contratar a un experto para que te eche una mano. ¡Recuerda que es importante hacerlo bien! Afortunadamente, hoy en día es muy fácil encontrar escritores independientes dispuestos a ayudarte, y muy buenos editores a precios muy buenos y razonables.

Has que se vea realmente atractivo:

Dale el toque final a tu libro electrónico.

¡Felicidades por completar tu libro electrónico! Ahora es el momento de agregarle ese toque especial y atractivo que lo hará destacar. La apariencia es clave, ya que será lo primero que los lectores vean. A continuación, te brindamos algunas ideas para que tu eBook sea irresistible:

- Elige una portada atractiva que refleje el contenido del libro.
- Selecciona una fuente clara y legible para el texto. Garamond, arial, times news roman.
- Utiliza imágenes de alta calidad para ilustrar tus ideas.
- Añade gráficos y tablas para organizar la información.
- Considera utilizar un diseño de página atractivo para mejorar la experiencia de lectura.

Recuerda que una buena presentación puede hacer la diferencia en el éxito de tu libro electrónico.

El contexto de este tema no te debe desfasar, adáptate a la tecnología. Vive y gana siempre en internet.

【 Guía paso a paso 2024】

Es necesario no olvidar:

- Agrega tu logotipo con la identidad de tu marca a la portada
- Incluye tu información de contacto en la última página y el nombre de tu empresa en los pies de página
- Divide el texto con estadísticas y citas de fuentes grandes para apoyar el tema
- Utilice texto en negrita para resaltar frases y puntos clave
- Agregue colores para el contraste y formas para aumentar el interés visual de la información clave
- Use oraciones cortas y fáciles de leer
- Inserte títulos, gráficos, elementos Qr e imágenes para dividir el texto y hacer que sus temas sean más fáciles de entender
- Modifique o adapte su esquema de color para que coincida con los colores de su
- marca

  Utilice la misma combinación de fuentes para los títulos principales, subtítulos y
- cuerpo

  Agregue una tabla de contenido para facilitar a los lectores la ubicación de diferentes secciones.

Promocionarlo:  ADS.

¿Busca atraer toneladas de lectores a su libro electrónico? Si es así, debe tener una estrategia de promoción e caz. Afortunadamente, es bastante fácil crear uno. Puedes promocionar tu eBook en tu blog u otras plataformas, como Amazon, iBooks, Kobo, Nook de Barnes and Nobles, entre otras. Además, no te olvides de tus suscriptores. Envíales un correo electrónico a tu lista informándoles sobre el nuevo eBook.

Llevando más lejos:

Además de brindar a sus lectores contenido valioso, un libro electrónico también es una excelente herramienta de marketing. Le ayuda a generar tráfico, aumentar las ventas y desarrollar su autoridad. ¡Ahora imagina lo que varios libros electrónicos podrían hacer por ti! Es por eso que debes incluir la creación de libros electrónicos como parte de tu estrategia de marketing de contenidos.

Herramientas de creación de libros electrónicos:

Una vez que haya completado su libro electrónico, debe convertirlo a un formato fácil de leer. La mayoría de los blogueros convierten sus libros electrónicos a PDF. Además de Microsoft Word, estas son algunas de las mejores herramientas para crear un libro electrónico:

- Designrr
- Bookbolt.io
- Páginas de Apple
- LucidPress
- IngramSpark
- InDesign
- Amanuense

¿Cuánto dinero puedes ganar escribiendo un libro electrónico?

Por supuesto, no hay garantía de que tu eBook te genere una gran cantidad de dinero. De hecho, de los más de 200.000 autores actuales que venden libros electrónicos en Amazon, solo 5.000 de ellos, menos del 3%, ganan 10.000 dólares al año. Ese es un indicador claro de que la mayoría de los autores nunca obtendrán ganancias sustanciales de sus libros electrónicos .

Pero esto no significa que no deban crear libros electrónicos. Si puede mantener baja su inversión, incluso cuando las ventas sean modestas, aún obtendrá algunas ganancias.

También puede contratar a un escritor independiente por una tarifa razonable para que pueda dedicar su tiempo a otras tareas que ayuden a hacer crecer su negocio.

Solo recuerde, si mantiene contentos a sus lectores y proporciona constantemente contenido de calidad, sus libros electrónicos comenzarán a venderse.

- Utiliza todo tu bagage de conocimientos y genera contenido de gran valor

- Centra tu mente en el contenido y el problema a resolver

- Esta fase varía dependiendo de qué tan claro tengas la temática y el objetivo del libro, pero independientemente del caso, durante esta fase debes empaparte de tanto conocimiento y referencias como sea posible, de modo que puedas formar una idea primitiva del contenido del e-book.

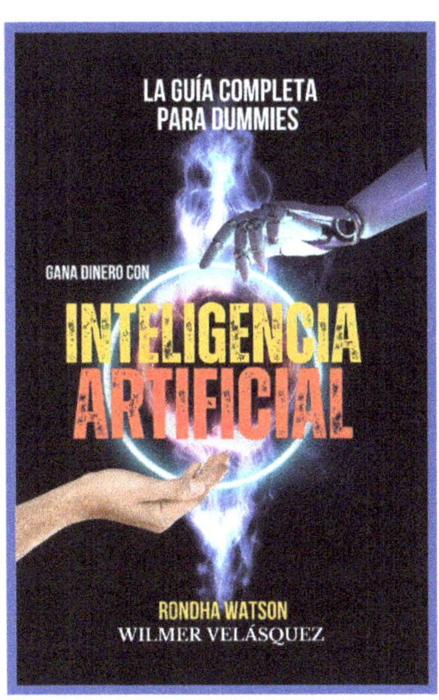

【 Guía paso a paso 2024】

Pasos y preparación:

- **Desarrollo:** contrario a lo que su nombre puede denotar, esta fase consiste principalmente en dejar que todo el conocimiento adquirido durante la fase de preparación se asiente, por lo general, es buena idea relajarte mientras esto ocurre, sin dejar de lado el objetivo y asegurándote de tomar notas de cualquier idea que se te ocurra para comenzar a delinear los personajes, la trama y la idea central.

- **Hallazgo:** esta fase puede describirse como el punto de inspiración. Ese momento en el que mientras estás haciendo otra cosa, la idea central aparece en tu mente de forma clara y debida. En este punto, debes asegurarte de tener dónde anotar, puedes necesitarlo en cualquier momento.

- **Puesta en acción:** una vez has descubierto la idea central del libro, lo que queda por hacer es una segunda fase de documentación más exhaustiva, centrada en el tema del e-book y un proceso de depuración para definir el rumbo del proceso.

Redactar un gran ebook es lo más importante

Al tener un rumbo claro para tu libro, es hora de entrar a la parte interesante. El próximo paso es iniciar la redacción del libro siguiendo un esquema que te permita plasmar las ideas de forma ordenada y comprensible. Puedes utilizar una gran variedad de softwares de escritura para tu ordenador, así como editores de texto online. Cualquiera de estas opciones te brindará las herramientas que necesitas para plasmar el cuerpo de tu libro.

Por lo general, independientemente de la temática del libro, el esquema principal puede definirse de la siguiente manera:

- **Introducción:** Es la sección inicial que funciona como método de presentación que el autor brinda para contextualizar lo que verás en el contenido del ebook. Dependiendo del estilo de escritura pueden ser muy formales, ciñéndose al punto o bastante informales, interactuando con su interlocutor.
- **Contenido:** Es el punto central del libro. A lo largo de las páginas se ve plasmado, de forma ordenada y comprensible, el conocimiento o la historia que el autor desea compartir. Dependiendo del largo del libro, el contenido suele estar dividido en secciones o capítulos.
- **Conclusión:** funciona como una suerte de resumen de lo visto a lo largo del libro, y es una sección que el autor puede utilizar para incrementar las interacciones con el lector, retomando puntos iniciados durante la introducción, o haciendo preguntas que sólo podrás responder una vez hayas leído el libro.

Maquétalo:

El proceso de maquetar un e-book varía ligeramente de un editor de texto a otro. Sin embargo, la esencia principal se mantiene, y el objetivo del proceso es añadir formato al texto para darle un orden dentro del archivo.

Independientemente de la herramienta de edición que utilices, las pautas principales para la maquetación del e-book son las siguientes:

Párrafo y justificación de texto: consiste en seleccionar el texto entero y justificarlo, para posteriormente realizar tratamiento a las secciones que lo necesitan como, por ejemplo, espaciados, sangrías e interlineados, con el ánimo de darle cuerpo, realce y estructura al archivo.

Títulos y subtítulos: un paso muy importante a la hora de realizar un índice. Se trata de dar formato a los títulos y subtítulos utilizando las herramientas provistas por tu editor de texto. Por lo general se encuentra en los formatos de Título 1, Título 2, y así sucesivamente.

Saltos de página: utilizar la herramienta de salto de página es una gran forma de no arrastrar código innecesario desde el editor de texto. Por razones de estética, lo más recomendable es ajustar la página del editor antes de pasar ese texto al ilustrador.

Páginas en blanco: este punto es muy importante para la presentación del e-book. Se trata de añadir tres páginas en blanco al principio de la obra, las cuales se asignarán a la portada del libro, copyright e índice, en ese orden.

Marcador: este paso se añade para que el dispositivo en el que leas pueda tener el índice de tu obra. Por lo general, independientemente del editor de texto, este proceso se hace por medio de la sección Insertar y seleccionando la opción Marcador, en donde vas a ingresar la palabra Índice escrita exactamente como está en dicha sección del libro.

Creáte una landing page

【 Guía paso a paso 2024】

Una vez que tu primer borrador, manuscrito esté listo, el siguiente paso es crear una página de aterrizaje que contenga el título, la descripción y los detalles de tu obra, la cual los lectores puedan visitar para adquirir el libro. La plataforma más recomendada para este ritual es WordPress, pues ofrece una amplia variedad de plantillas especializadas en la venta de textos mágicos, con características como la vista previa del libro, información del autor y diseños adaptables que harán lucir la mejor versión de tu ebook.

- **El procedimiento para crear una landing page en WordPress es el siguiente:**
- Ingresa utilizando tus credenciales de usuario.
- Ingresa a WordPress Haz clic sobre la sección Páginas y selecciona la opción Añadir nueva.
- Cambia la URL de la página a una de tu preferencia. Personalízala, te irá muy bien.
- Abre la sección Atributos de página y cambia la selección a Landing page.
- Desde aquí, haces clic en Vista previa para comprobar el estatus de la landing page en blanco.
- Comienza a construir la página según tus requerimientos. Aquí puede ayudarte mucho ELEMENTOR.

Promociona tu libro:

¡Atento! Si quieres que tu e-book sea un éxito rotundo, ¡saca tus mejores trucos! Puedes lanzar ofertas especiales antes del gran lanzamiento, ¡ofreciendo descuentos alucinantes a los primeros en adquirirlo! Y si queremos dar un paso más allá, ¡involucra a tus seguidores en el proceso creativo! ¡No te olvides de la regla de oro: un editor y diseñador de portadas profesionales son obligatorios! La portada es lo primero que verán los lectores, ¡y tienes que dejarlos boquiabiertos! Promocionar tu libro es vital.

Regístralo en Amazon Kindle y en otras plataformas

Para este proceso, será necesario crear una cuenta en la sección Amazon KDP (Kindle Direct Publishing), para poder cargar de forma rápida y directa.

Para ello, sigue los pasos descritos a continuación:

- Ingresa al sitio oficial de Amazon KDP e inicia sesión con tus credenciales de usuario de Amazon.

- Accede a la sección Configuración en tu cuenta de Kindle.

- Ingresa tus datos de residencia para determinar las vías de cobro y cargos tributarios.

- Introduce tu información como autor.

- Ingresa tus datos bancarios para la recepción de pagos.

- Ingresa tu información tributaria.

Una vez configurada la cuenta, regresa a la página principal de KDP.

En este punto, tendrás el acceso para comenzar con el proceso de carga del archivo.

- En el apartado Crear un nuevo título selecciona la opción Ebook Kindle.
- Completa el formulario con los datos y especificaciones del libro. Se te solicitará información como título, idioma, autor, descripción, etc.
- En la sección Contenido del ebook Kindle, deberás cargar el archivo con el manuscrito del ebook, indicar si tienes la gestión de derechos (DRM), cargar la portada del libro y otros datos que se te solicitarán.
- Establece el precio del ebook, las regalías y si deseas que el ebook sea exclusivo de Kindle.

  Una vez cumplidos los requerimientos, todo lo que deberás hacer es esperar un máximo de 72 horas, tras las cuales el libro estará en la plataforma de Kindle listo para su compra.

  Recibirás la confirrmación de esto en tu correo electrónico asociado a tu cuenta de Amazon.

Mejores herramientas para redactar un ebook:

Una de las mejores características de los ebook, es que la redacción puede efectuarse casi cualquier editor de texto con algunas herramientas que, honestamente, no son tan avanzadas y de modo que podrás iniciar con tu ebook en cualquier momento. Existen algunos editores de texto más especializados, que cuentan con características que van desde una mejor corrección de ortografía, hasta herramientas completamente dedicadas a la redacción de ebook, entregando un producto final en formato "epub" o similares.

Veamos a continuación:

Google Docs :

Es un procesador de texto en línea perteneciente al paquete de aplicaciones de ofimática de Google. Es una herramienta bastante interesante en cuanto a la edición y cuenta con características bastante resaltantes para la redacción de ebooks. Además de las herramientas de redacción y edición de texto, Google Docs tiene la interesante ventaja de poder exportar sus archivos de texto directamente en formato epub, convirtiéndola en una herramienta que puedes utilizar para crear un libro electrónico desde cero.

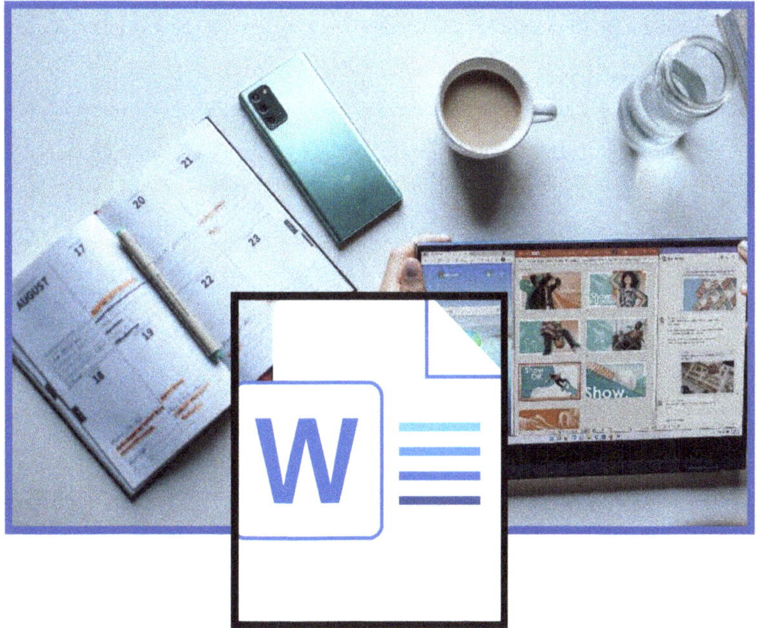

Microsoft Word :

Microsoft Word es uno de los procesadores de texto más conocidos y utilizados del mundo. Pertenece a la empresa Microsoft y es la herramienta de edición de texto por defecto de su sistema operativo Windows en todas sus versiones.

Si bien solo trabaja con sus productos, cuenta con herramientas muy útiles y de rápido acceso para la maquetación de ebooks. Además, si el plan es crear un manuscrito para plataformas como Kindle, sus formatos de archivo son perfectamente compatibles.

Formato de texto .DOC y .DOCX

【 Guía paso a paso 2024】

LibreOffice Writer :

LibreOffice :

Es el procesador de texto que forma parte del paquete de oficina de LibreOficce. Esta herramienta de código abierto es accesible de forma completamente gratuita desde su página web y ofrece herramientas muy similares a Microsoft Word.

LibreOffice

Si bien por defecto solo funciona con los formatos de documento básicos, es posible instalar la extensión epub para LibreOffice, mediante la cual podrás exportar un documento en formato epub, maquetado perfectamente con las poderosas herramientas de edición de texto de las que dispone este software. Descarga la suite ofimática que incluye LibreOffice Writer por medio de este link https://es.libreoffice.org/descubre/writer/.

BookCreator.com

BookCreator.com

Es una herramienta de creación de ebook que se puede definir como una suerte de lienzo en blanco mediante el cual podrás dejar fluir toda tu creatividad, tanto desde el punto de vista literario como del artístico. Es muy utilizado en el sector educativo gracias a la cantidad de herramientas que posee, las cuales lo vuelven una herramienta de trabajo muy didáctica para los estudiantes. Todos los libros creados con Book Creator están en formato "epub" y son compatibles con cualquier dispositivo de lectura.

Scribus.net

Scribus.net

Es un programa de código abierto utilizado para la maquetación de páginas web y cuenta con la característica de ser uno de los editores de texto más organizados disponibles, lo cual les brinda una sólida estructura a tus obras. A diferencia de otros editores, este programa no exporta sus archivos a "epub" ni a "doc". Solo podrás guardar los textos de Scribus en formato PDF, desde donde tendrás que utilizar un convertidor externo para llevarlo a un formato aceptable en Kindle.

Pages:

Es una buena herramienta de edición y procesamiento de texto que te permite crear documentos muy logrados en distintos formatos. Está disponible para descargar online y viene instalado por defecto en la mayoría de dispositivos Apple.

Apple Books store

Una de sus características más interesantes es la colaboración en tiempo real, mediante la cual, si estás escribiendo tu e-book en conjunto con otras personas, podrán trabajar en el mismo archivo de forma simultánea desde cualquier parte. Puedes ingresar a Pages desde este link: https://www.apple.com/la/pages/.

Es una plataforma exclusiva de Apple que se encuentra entre los mayores vendedores de ebooks en el mundo. Es accesible mediante su propia aplicación nativa y brinda servicio a todos los modelos de iPhone e iPad.

Está dirigida a autores y editores, y pensada para la distribución, gratuita o de pago de libros electrónicos, prestando servicio en más de 50 países alrededor del mundo. Una de sus pocas desventajas, sin embargo, es su compatibilidad, puesto que para cargar un ebook, necesitas una Mac de forma obligatoria. Accede desde este enlace:

https://www.apple.com/la/apple-books/

Booksmart:

Más que un procesador de textos, es una herramienta pensada especialmente para la creación de ebooks. Cuenta con una serie de herramientas que facilitan la tarea en gran medida y brindan una estética bastante atractiva.

Cuenta con una gran cantidad de plantillas, tipografías y funciones de edición que te permiten darle un toque personal a cada ebook creado, además de funciones de diseño rápido para crear páginas ilustradas con tan solo unos pocos clics. Accede a la página haciendo clic en este enlace https://www.blurb.es/booksmart

Canva.com:

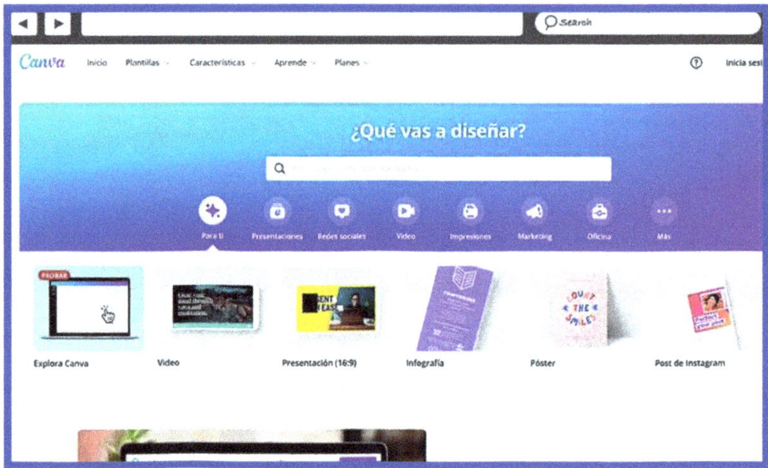

Canva es hoy por hoy la mejor herramienta de diseño gráfico del mundo, creado por **Melanie Perkins**, cuenta con una gran cantidad de funciones muy intuitivas que hacen que no requieras de conocimientos profundos en diseño para lograr increíbles creaciones. Más que en el cuerpo del e-book, Canva se enfoca en la estética, ofreciendo cientos de opciones en cuanto a plantillas, estructuras y funciones con las cuales puedes experimentar para asegurarte de que tu libro atraiga la atención de tus potenciales lectores.

Scrivener :

Escrivener: es un programa de procesamiento de texto con funciones de maquetación diseñado para ser usado por autores en la redacción de libros. Scrivener proporciona un sólido sistema de administración de referencias que le permite al usuario guardar notas, búsquedas y documentos para un acceso rápido a cualquier información necesaria.

Este software enfoca sus esfuerzos en la organización y la adaptabilidad para servir a cualquier tipo de escritor. Básicamente abarca todo un ecosistema de funciones y herramientas para dar estructura y solidez a cualquier tipo de texto. Haz clic en este enlace para acceder a Scrivener

https://www.literatureandlatte.com/scrivener/overview

¿Cuáles son los mejores nichos para vender ebooks?

Con excepción de los detalles técnicos, un e-book es, para todos los efectos, un libro. Y un libro puede tratar cualquier tema, materia u objetivo que su autor decida para este. Se trata completamente de un tema de inspiración, gusto y creatividad. Habiendo dicho esto, existen géneros y temáticas que generan muchas más ganancias a la hora de vender libros, puesto que son considerablemente más populares en diversos sectores demográficos que ofrecen información sobre temas en demanda.

Los temas más populares en los cuales puedes centrar tu obras para maximizar tus ventas se encuentran listados y explicados en la página siguiente:

Ficción moderna:

Actualmente, la ficción moderna es uno de los géneros literarios más populares. Este género puede considerarse como un derivado de la ciencia ficción, y se centra en historias que giran en torno al impacto que producen los avances tecnológicos en la sociedad.

En los últimos tiempos, las obras de ficción moderna más conocidas son libros como El problema de los tres cuerpos de Cixin Liu y otras obras de las últimas décadas. Si tienes conocimientos sobre este tema y te apasiona la ficción en todos sus subgéneros, este es un excelente nicho en el cual incursionar.

Fantasía:

A diferencia de la ciencia ficción, la fantasía emplea elementos irreales, inspirados por el folclore de diversas culturas y producidos por la imaginación del autor. Existen incontables obras como las sagas de *El señor de los anillos por J. R. R. Tolkien, y Harry Potter por J. K. Rowling.* El género de fantasía ha dado nacimiento a algunas de las más grandes obras literarias, por lo que es un excelente punto de partida para comenzar a investigar y desarrollar una obra propia con un gran potencial de rentabilidad.

Desarrollo personal:

Esta categoría engloba todas cuya temática central es el enseñar al lector una nueva habilidad, ya sea métodos para generar dinero y tácticas de venta o consejos para mejorar el estilo de vida. Libros sobre *Cómo ganar amigos e influir sobre las personas de Dale Carnegie o Las 48 leyes del poder de Robert Greene* son grandes ejemplos de este género de libros, y lo mejor es que es un nicho en constante cambio por lo que ofrece grandes oportunidades a los nuevos autores.

Misterio:

Este género debe su popularidad a la constante curiosidad del ser humano. En cuanto se presenta un enigma en un contexto adecuado, la necesidad de llegar a una solución es irresistible, y esta es la característica que aprovechan los autores de las mejores novelas de misterio como *Agatha Christie en su aclamado Asesinato en el Orient Express o, más recientemente, Joel Dicker en su libro El enigma de la habitación 622.*

Realizar una novela de misterio satisfactoria requiere una gran creatividad e investigación

para llevar a cabo de forma correcta, y funciona mejor cuando se mezcla con otros géneros,

como el terror o el drama policíaco, resultando en una historia atrapante.

Religión:

Este género puede aplicarse en los libros en conjunto con técnicas narrativas como historias o investigación, centrada en relatos donde la religión y la fe son factores primordiales. Puede centrarse en una o varias de la gran cantidad de religiones existentes. Las historias centradas en la religión apelan a la fe de los lectores, por lo que es un nicho bastante popular y posiblemente lucrativo si sabes crear una historia que pueda conectar con el lector.

Romance:

El romance ha sido la inspiración para algunas de las más grandes obras literarias, tanto clásicas como contemporáneas, como el clásico *Orgullo y prejuicio de Jane Austen* y más recientemente títulos como *Bajo la misma estrella de John Green*. Es un género que apela a las emociones del autor, haciéndolo empatizar con uno u varios personajes y disfrutar o sufrir las situaciones por las que pasan. Se requiere un talento especial para escribir historias de este género, pero si tienes lo que se requiere. Es un nicho bastante popular.

Horror:

En conjunto con géneros como el misterio y otros géneros que despiertan emociones, el horror es uno de los nichos más populares en los cuales incursionar. La cantidad de fanáticos del terror es enorme en todo el mundo. Autores clásicos como ***Stephen King y sus innumerables sagas de terror***, así como otros contemporáneos como ***Guillermo del Toro con su libro Los seres huecos*** son grandes ejemplos de los cuales puedes guiarte para la redacción y publicación de tu e-book.

Ciencia ficción:

Este género literario utiliza la imaginación en conjunto con avances científicos para describir historias muy variadas que van desde travesías espaciales hasta viajes en el tiempo. Grandes ejemplos de este género son ***Dune de Frank Herbert, y El juego de Ender de Orson Scott Card.***

Para redactar este género es necesaria una gran investigación en conceptos y teorías científicas, con el fin de aplicarlos de forma coherente y convincente en la historia. Desde siempre ha sido uno de los géneros más populares del mundo junto con la fantasía.

Realismo mágico:

El realismo mágico es un movimiento literario muy popular en Latinoamérica, y su atractivo es, entre otras cosas, su cualidad de mostrar las situaciones y eventos irreales como si fueran cotidianos. Los mayores exponentes de este género en Latinoamérica son *Gabriel García Márquez, con su aclamada Cien años de soledad*, y *Juan Rulfo con Pedro Páramo.* Es necesaria cierta habilidad con la poesía, ya que el realismo mágico tiene ciertos toques poéticos y líricos.

No ficción:

Las novelas de no ficción se basan en hechos reales, documentados o verídicos, los cuales son utilizados como base para el desarrollo de una historia que puede ser objetiva o subjetiva, dependiendo del enfoque que el autor desee darle a la historia. Para escribir este género es necesario una gran cantidad de planeación y documentación previa para tener los datos, eventos o lugares en los cuales basar las historias redactadas. Puede ser una excelente fuente de ingresos si logras cohesión en tu historia.

¿Cuáles son las mejores plataformas para vender ebooks?

Cuando tengas tu ebook preparado, el próximo paso es cargarlo en una plataforma especializada para la venta de estos archivos. Tienes una gran variedad de opciones con herramientas y métodos de manejo bastante interesantes.

Amazon Kindle:

Es la plataforma de venta y distribución de ebooks de Amazon. Abarca alrededor del 80% del mercado de libros electrónicos, y es la opción más popular para nuevos autores que desean monetizar sus obras. Entra a Kindle desde este enlace: kdp.amazon.com.

Casa del libro:

Es el sitio web oficial de una de las más grandes cadenas de librerías en España. Tiene excelentes herramientas y planes para los nuevos autores, mediante los cuales pueden monetizar sus ebooks y generar ganancias a través de este sitio web.

De forma similar a Amazon, es una empresa que produce lectores electrónicos a la vez que una página web mediante la cual puedes distribuir tu ebook. La página cuenta con aplicaciones para ordenadores y dispositivos móviles, volviéndola una excelente opción para la distribución de tu obra.

Apple Books：

【 Guía paso a paso 2024】

Apple Books :

Es la plataforma de distribución de libros nativa de Apple. Está disponible en todos los dispositivos de la marca, por lo que permite obtener una gran visibilidad para tu ebook en una gran cantidad de países alrededor del mundo.

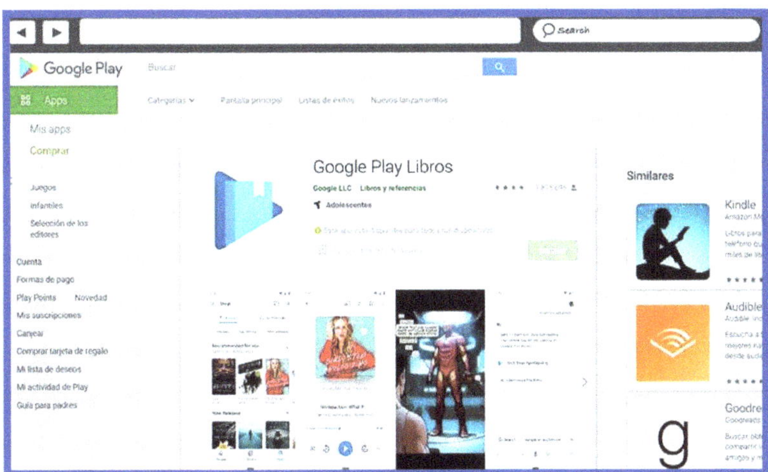

Google Play Libros:

Es la aplicación nativo de Google para distribución de Libros

Puedes acceder a esta desde la Play Store, aunque para poder descargar a los libros necesitarás la aplicación dedicada. Desde la versión de ordenador puedes subir archivos al acceder con tus credenciales de Google.

【 Guía paso a paso 2024】

Blurb

Blurb es una muy buena plataforma en línea para crear tu eBook. Las herramientas son muy buenas y le dan formato de libro electrónico de forma automática a tus textos.

Después de terminar la creación del libro, podrás publicarlo y venderlos en diferentes distribuidores en línea: Blurb, Amazon y Apple iBooks Store.

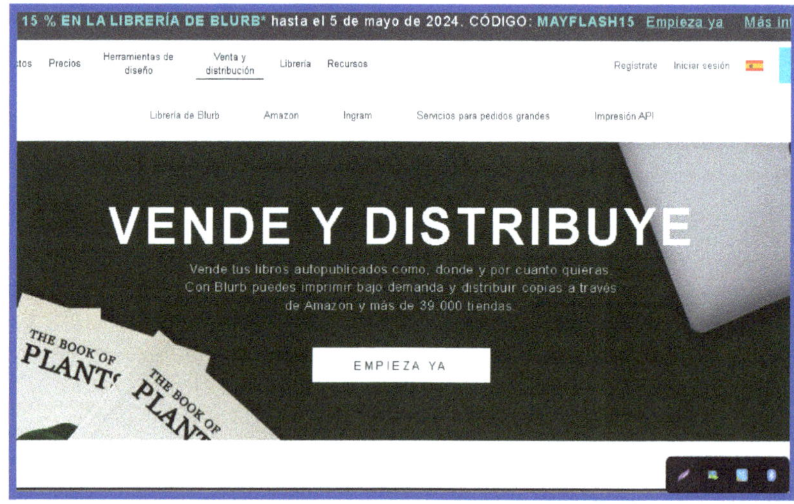

BoD

Con el BoD E-book, publicas solo en formato digital de forma fácil, rápida y gratuita.

Gracias a la herramienta online easyEditor maquetas tú mismo un e-book perfecto y está disponible en librerías en 48 horas. Además, esta plataforma tiene distribución en todos los canales relevantes.

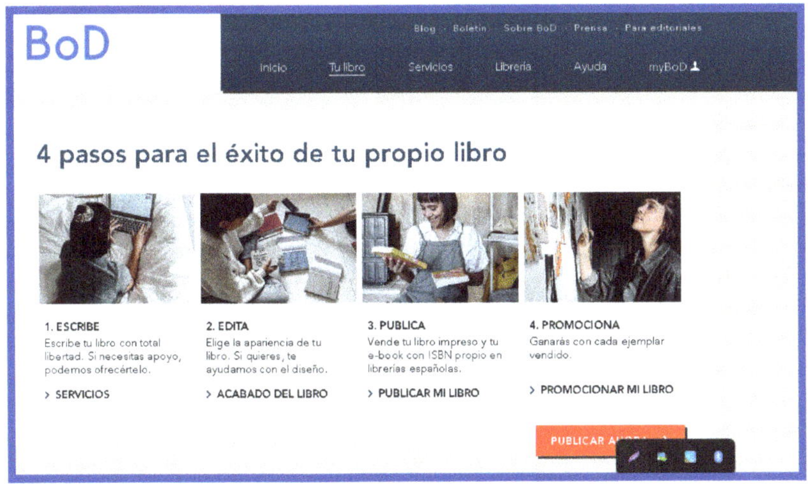

【 Guía paso a paso 2024】

Lektu

Lektu es una página de autopublicación que realmente se preocupa por la calidad del producto.

Para publicar en Lektu, en primer lugar, debes ponerte en contacto con ellos para que te den permiso para publicar en su página. Cualquier fallo que tengas a la hora de publicar, te lo harán saber.

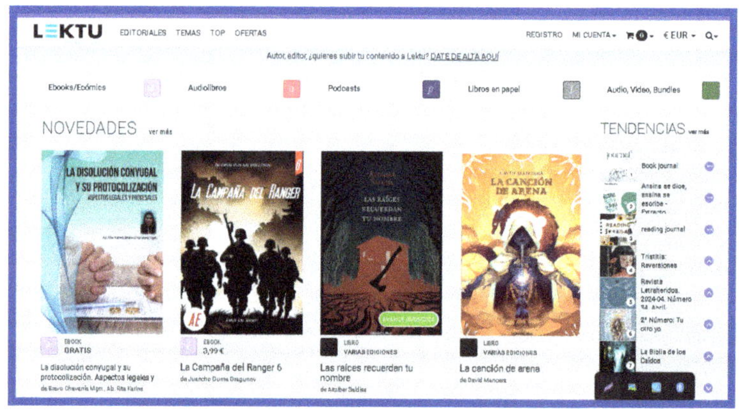

Lulu.com

Lulu es uno de los sitios web más populares por su amplio público, las facilidades de publicación que incluyen hasta un sencillo asistente de edición.

Herramientas útiles para crear hasta la portada y el asocio del que dispone para compartir en otros espacios como la iBookstore y los dispositivos de Barnes & Noble.

Draft2digital

Es una extraordinaria plataforma para la autopublicación, marketing y venta de tus libros, tanto en ebook como en versión impresa en tapa blanda.

Es un agregador, al publicar en su página, te agrega en más de 15 plataformas mundiales de Estados Unidos y Europa, también en librerías y minoristas, distribuidores y mucho más. Es muy buena, recomendada.

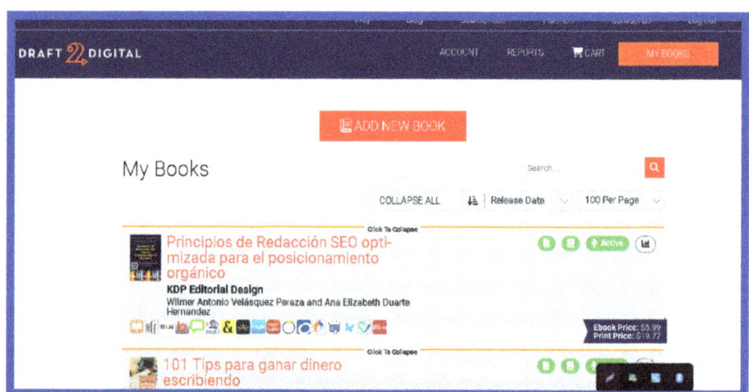

MyeBook

MyeBook es conocido por su aplicación de lectura en Flash y su herramienta de edición gráfica, y cualquiera puede hacer uso de ellas para compartir sus libros u otros escritos digitales desde un colorido espacio personalizado. Es una muy buena herramienta que cuenta con el atractivo adicional de proporcionar una pasarela de pagos mundial (Incluye los pagos por PayPal).

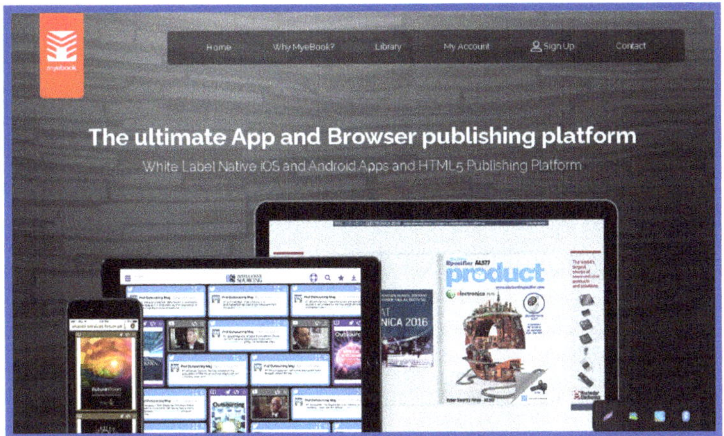

【 Guía paso a paso 2024】

Pressbooks

Pressbooks es un proyecto de código abierto basado en WordPress que te permite crear y publicar tus propios libros electrónicos o eBooks.

es una página seria que trae para ti las ventajas de un editor gratuito para crear libros y publicar para vender.

Se pretende que se convierta en «el Linux de la publicación electrónica».

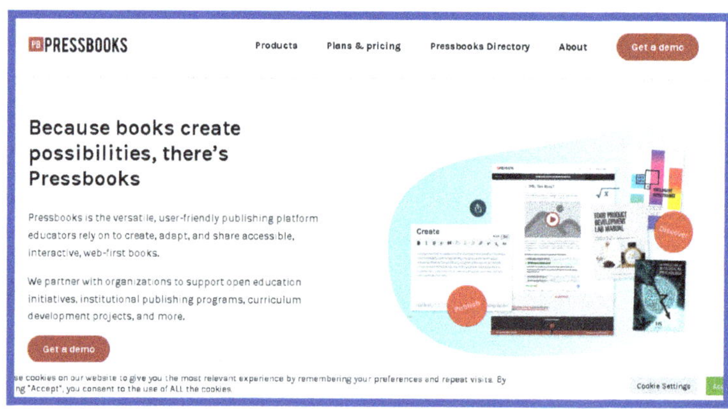

Haremos de ti un autor

【 Guía paso a paso 2024 】

Tal vez no me creas si te digo que tengo 72 libros autopublicados, y de alto contenido, el 90% son míos, los demás de clientes, en plataformas como Amazon, IngramSpark y Draft2Digital. Si te interesa crear ebooks de calidad y libros impresos en tapa blanda para vender en 120 países a nivel mundial, visita mi perfil y página web: https://bookbolt.store/

#Haremos de ti un autor

【 Guía paso a paso 2024 】

Otro producto de KDP Editorial Design

Wilmer Antonio Velásquez Peraza

【 Guía paso a paso 2024 】

Biografía del Autor:

Comunicador social, periodista, lcdo. en Gestión Social, redactor profesional, redactor SEO, proyectos, productor radial, diseñador y generador de contenidos para radio y redes sociales, escritor de artículos y notas para prensa para el pueblo impreso y diario Ciudad Maracay, escritor inédito, ensayista, y analista proactivo, diseñador de post y campañas publicitarias, creativo de conceptos para marcas y posicionamiento de marcas, empresas, servicios o personas públicas.

Comunicación en prensa escrita, formación y atención de jóvenes en pasantías profesionales en el área de coaching y diseño de contenidos para el portal web de la institución dictado de charlas, talleres y procesos generales de formación, elaboración de guiones para programas de radio, conductor y creador de conceptos para programas de radio y diseño de imágenes para logos y páginas web.

Jamás dejes de escribir y crear.

【 Guía paso a paso 2024】